Christina Rose

Aufmerksamkeitsabwendung von übergewichtsa
mit einem ausgeprägten Wunsch nach Schlankh

Bibliografische Information der Deutschen Nationalbibliothek:

Bibliografische Information der Deutschen Nationalbibliothek: Die Deutsche
Bibliothek verzeichnet diese Publikation in der Deutschen Nationalbibliografie;
detaillierte bibliografische Daten sind im Internet über http://dnb.d-nb.de/ abrufbar.

Copyright © 2013 Diplomica Verlag GmbH
Druck und Bindung: Books on Demand GmbH, Norderstedt Germany
ISBN: 978-3-95636-998-8

http://www.diplom.de/e-book/321657/aufmerksamkeitsabwendung-von-ueberge-
wichtsassoziierten-stimuli-bei-menschen

Christina Rose

Aufmerksamkeitsabwendung von übergewichtsassoziierten Stimuli bei Menschen mit einem ausgeprägten Wunsch nach Schlankheit

Diplom.de

Vorwort

An dieser Stelle möchte ich mich bei all jenen Menschen bedanken, ohne deren Unterstützung diese Bachelorarbeit nicht zustande gekommen wäre.

Ein besonderer Dank geht dabei an meine Betreuerin PD Dr. Sabine Löber für die Möglichkeit, meine Bachelorarbeit bei ihr zu schreiben. Außerdem danke ich für ihre ausgezeichnete und verlässliche Betreuung und Unterstützung.

Danken möchte ich auch allen Versuchspersonen, die an meiner Testung teilnahmen und somit einen wesentlichen Grundstein für diese empirische Arbeit gelegt haben.

Tausend Dank an alle meine lieben Freunde und Kommilitonen. An jene, die mich in den letzten Jahren begleiteten und unterstützten, die mich aufmunterten und aufbauten, die mir Mut und Kraft gaben, mir die Daumen drückten und mit mir mitfieberten, die sich mit mir freuten und mir tröstende Worte spendeten.

Mein besonderer Dank gilt nicht zuletzt meiner Familie und meinem Freund Moritz. Danke für Euren emotionalen Beistand, Eure ermutigenden Worte und für Eure geduldige und bedingungslose Unterstützung. Durch Eure Hilfe fühlte ich mich in meinem Tun immer wieder bestärkt und neu motiviert!

Inhaltsverzeichnis

1. Zusammenfassung 1

2. Einleitung 2

   2.1. Allgemeine Information – Was ist Magersucht? 2

   2.2. Symptomatik 2

   2.3. Kurze Abgrenzung von Magersucht (Anorexia nervosa) und Bulimie (Bulimia
nervosa) 4

   2.4. Warum zeigen Menschen solch ein selbstzerstörerisches Verhalten? 4

3. Methoden 8

   3.1. Beschreibung der Stichprobe 8

   3.2. Probandenrekrutierung 8

   3.3. Ablauf der Untersuchung 8

   3.4. Messinstrumente und Modalitäten 9

   3.5. Auswertung 10

4. Ergebnisse 12

   4.1. Einteilung in Gruppen 12

   4.2. Ergebnisse Dot-Probe Paradigma 13

5. Diskussion 18

   5.1. Beurteilung der Unterschiede im Aufmerksamkeitsverhalten 19

   5.2. Hintergrund 20

6. Kritische Betrachtung und Ausblick 21

7. Literaturverzeichnis 21

8. Anhang 23

1. Zusammenfassung

Noch immer stolzieren abgemagerte Models über die Laufstege und verkörpern ein Schönheitsideal, das kein Gramm überschüssiges Fett zulässt. Hierdurch werden Wertmaßstäbe gesetzt, denen andere Menschen nacheifern möchten. Der Vergleich des eigenen Körpers mit dem dünnen Körper derjenigen, die von der Mehrheit der Gesellschaft als schön und erfolgreich angepriesen werden, kann fatale Folgen haben. Was passiert mit normalgewichtigen Frauen, wenn nur dünne Models, die teilweise sogar bedrohliches Untergewicht haben, Schönheit und Erfolg verkörpern dürfen? Vergleicht sich eine normalgewichtige Frau mit einem Magermodel, so sinkt das Selbstwertgefühl möglicherweise so weit, dass sich eine Essstörung entwickelt. Das Ergebnis ist, dass sich normalgewichtige Frauen nicht mehr wohl in ihrem Körper fühlen und sich wünschen, schlanker zu sein. Themen, Personen oder Dinge, die mit dem Begriff „Übergewicht" assoziiert werden, werden möglicherweise als abstoßend empfunden.

In der in dieser Arbeit vorgestellten Studie wurde die Aufmerksamkeitsallokation bezüglich übergewichtsassoziierter Stimuli bei Menschen mit unterschiedlich stark ausgeprägtem Wunsch nach Schlankheit untersucht.

Zur Einschätzung des Schlankheitsstrebens wurde zunächst der EDI-Fragebogen verwendet. Anschließend wurden die Probanden anhand dieser Ergebnisse in zwei Gruppen eingeteilt, denen zur Aufmerksamkeitsallokation das Dot-Probe-Paradigma präsentiert wurde. Als Stimuli wurden hier Bilder von normalgewichtigen und übergewichtigen Personen eingesetzt.

Die Ergebnisse der Untersuchung zeigten, dass Menschen mit einem ausgeprägten Wunsch nach Schlankheit überwiegend auf übergewichtige Personen schauen und nicht auf normalgewichtige. Eine mögliche Erklärung hierfür liegt darin, dass Personen mit einem ausgeprägten Wunsch nach Schlankheit sich in ihrem eigenen Körper wohler fühlen, wenn sie sich mit übergewichtigen Personen vergleichen.

Im Folgenden wird zunächst der theoretische Hintergrund von Magersucht (Anorexia nervosa) besprochen. Dies umfasst allgemeine Informationen zum Thema Magersucht, sowie ihre Symptomatik und die Abgrenzung zur Essstörung Bulimie.

Anschließend werden verschiedene Studien zu diesem Thema vorgestellt. Die sich daraus ergebende Fragestellung für diese Arbeit wird im methodischen Teil aufgegriffen und empirisch überprüft. Nach der Darstellung der Ergebnisse werden diese diskutiert und mögliche Einschränkungen erörtert.

2. Einleitung

2.1. Allgemeine Information – Was ist Magersucht?

„Anorexia nervosa" ist der lateinische Begriff für Magersucht und bedeutet so viel wie „psychisch bedingte (nervosa) Appetitlosigkeit (Anorexia)".

Allerdings ist diese Begriffsdefiniton irreführend, da Magersüchtige meist über einen sehr großen Appetit verfügen, diesen aber unterdrücken und kontrollieren wollen.

Nicht die Appetitlosigkeit, sondern die **Angst vor dem Essen** verbunden mit einer panikartigen **Angst vor Gewichtszunahme** bilden die beiden Hauptmerkmale der Anorexie.

Im Verlauf der Erkrankung kommt es zu einem erheblichen (oftmals lebensgefährlichen!) Gewichtsverlust als Folge einer stark verminderten Nahrungsmittelzufuhr.

Bezogen auf die Gesamtbevölkerung in der Bundesrepublik Deutschland tritt die Magersucht relativ selten auf. Frauen sind etwa 15 bis 20 mal häufiger betroffen als Männer. Bei Frauen zwischen 15 und 25 Jahren (Risikogruppe) findet sich die Erkrankung bei etwa 1 % dieser Gruppe.

Die Sterblichkeit beträgt ca. 10 %.

2.2. Symptomatik

Bei den Betroffenen kommt es zu einer Störung der Wahrnehmung des eigenen Körpers, d.h. sie überschätzen ihren Körperumfang und halten sich für „zu dick", auch wenn sie bereits extrem abgemagert sind (Körperschemastörung, verzerrte Körperwahrnehmung nach *ICD 10*).

Infolge dieser verzerrten Wahrnehmung des eigenen Körpers, bemühen sich die Betroffenen, ihr vermeintlich zu hohes Körpergewicht zu vermindern.

Zu diesem Zweck nehmen sie nur geringe Mengen an Nahrungsmitteln zu sich und vermeiden fett- und kalorienhaltige Lebensmittel. Manche PatientInnen verweigern zeitweise die Nahrungsaufnahme vollständig.

Aufschluss über die ungefähre Nahrungsmenge, die eine jugendliche Patientin mit Anorexia nervosa pro Tag verzehrt, gibt die folgende Tabelle:

Abbildung 1: Tägliche Nahrungsmenge einer anorektischen Patientin

8.00 Uhr	½ trockenes Brötchen und Tee
12.00 Uhr	1 kleiner Teller Salat ohne Dressing und 10 Nudeln
15.30 Uhr	1 Glas Cola light
18.00 Uhr	1 Scheibe Brot mit Marmelade und Tee

Zum Vergleich: Dies entspricht einer täglichen Zufuhr von etwa **400** kcal bei einem Tagesbedarf von ca. **1800** kcal!

Quelle: Salbach-Andrae; Jacobi; Jaite: Anorexia und Bulimia nervosa im Jugendalter. Beltz Verlag, Basel 2010

Häufig nimmt das gedankliche Kreisen um das Thema „Essen" einen zentralen Stellenwert im Leben der Betroffenen ein. Sie verwenden viel Energie darauf, Kontrolle über ihr Hungergefühl zu erlangen.

Neben der strengen Diät nehmen viele Betroffene Appetitzügler und Abführmittel ein und betätigen sich sportlich, um abzunehmen.
Durchschnittlich verlieren Magersüchtige etwa 45 bis 50 % ihres Ausgangsgewichtes.
Nach DSM-IV (Diagnostic and Statistical Manual of Mental Disorders) existieren zwei Unterkategorien der Anorexia Nervosa: Zum Einen ist dies der *restriktive Typus,* der sich durch bloßen Verzicht auf Nahrung bzw. hochkalorische Nahrung auszeichnet; und zum Anderen gibt es den *Purging* Typus, dessen Hauptmerkmal kompensatorische Verhaltensweisen wie selbstinduziertes Erbrechen, Einnahme von Abführmitteln etc. darstellt.
Die Diagnosekriterien für Anorexia nervosa nach DSM-IV lauten wie folgt:

- Niedriges Körpergewicht, weniger als 85% des zu erwartenden Gewichts
- Große Angst vor Gewichtszunahme
- Strikte Kontrolle der Nahrungsaufnahme
- Körperschemastörung (Übertriebener Einfluss des Gewichts auf die Selbstwertung; Krankheitsverleugnung)
- Sekundäre Amenorrhö (nur bei Frauen; Ausbleiben der Menstruation)

Durch den Gewichtsverlust und die Mangelernährung kommt es fast immer zu schwerwiegenden körperlichen Schäden. Aufgrund von durch die verminderte Nahrungsaufnahme bedingten hormonellen Störungen bleibt bei weiblichen Betroffenen meist die Menstruation aus.
Darüber hinaus werden weitere Folgen wie eine Verlangsamung des Herzschlags, niedriger Blutdruck, ein Absinken der Körpertemperatur, trockene Haut, eine flaumartige Behaarung (*Lanugobehaarung)*, Muskelschwäche, Haarausfall und Wassereinlagerungen im Gewebe beobachtet.

Diese körperlichen Befunde werden durch die Mangelernährung verursacht und sind reversibel, d.h. sie verschwinden meist vollständig nach einer Normalisierung des Essverhaltens.
Häufig zeigen sich auch depressive Symptome und eine starke Reizbarkeit.

2.3. Kurze Abgrenzung von Magersucht (Anorexia nervosa) und Bulimie (Bulimia nervosa)

Die Symptome einer Magersucht (Anorexia nervosa) unterscheiden sich deutlich von denen einer Ess-Brech-Sucht (Bulimia nervosa).
Bei der Anorexia nervosa handelt es sich um freiwillige Selbstaushungerung, wobei die etymologische Bedeutung des Begriffs „Anorexie" „Appetitverlust" ist. Allerdings ist diese Bedeutung irreführend, weshalb der auf psychosomatische Zusammenhänge hindeutende Begriffszusatz „nervosa" nicht fehlen darf.
Der Begriff „Bulimie" beschreibt eine Essstörung, die durch wiederholte Episoden von Fressanfällen (schnelle Aufnahme einer großen Nahrungsmenge innerhalb kurzer Zeit) und Maßnahmen, die die Gewichtszunahme verhindern sollen (selbstinduziertes Erbrechen, übermäßige sportliche Betätigung, Gebrauch von Laxantien oder Diuretika, strenge Diäten und Fastenkuren), geprägt ist.
Häufig treten beide Krankheitsbilder (Anorexie und Bulimie) in Kombination auf, obwohl grundsätzlich eine der beiden Krankheitsformen zu überwiegen scheint. In einem solchen Falle spricht man von Bulimanorexie.
Eine junge Frau mit einem solchen Krankheitsbild schwankt ständig zwischen anorektischen und bulimischen Phasen hin und her.

2.4. Warum zeigen Menschen solch ein selbstzerstörerisches Verhalten?

Eine Anorexie kann ihren Ursprung in vielen verschiedenen Bereichen haben. Meist ergibt sich der Beginn einer solchen Erkrankung aus einem Zusammenspiel von kognitiven Dissonanzen, die meist soziokulturell, individuell, familiär und/oder biologisch geprägt sind. Der Begriff „Kognitive Dissonanz" bezeichnet hier einen als unangenehm empfundenen Gefühlzustand, der dadurch entsteht, dass ein Mensch mehrere Kognitionen hat, die sich auf Wahrnehmungen, Meinungen, Gedanken, Werte, Einstellungen, Wünsche und Absichten beziehen, die nicht miteinander vereinbar sind. Zudem haben die meisten Magersüchtigen ein ausgeprägtes Harmoniebedürfnis und sind darüber hinaus wenig selbstbewusst und angepasst. Gleichzeitig werden viele Magersüchtige als beharrlich, zäh, perfektionistisch und introvertiert beschrieben.

Auffällig ist, dass die Erkrankung hauptsächlich in reichen westlichen Ländern auftritt, in denen Schlankheit mit Schönheit und Erfolg gleichgesetzt wird.
Um die Einstellung der Gesellschaft bezüglich Schlankheit und damit assoziierter Schönheit näher zu untersuchen, beauftragte die Forschungsstelle für Sexualwissenschaft und Sexualpädagogik der Universität Landau im Jahr 2000 das Umfrageinstitut EMNID zur Durchführung einer Befragung von 702 Männern und 764 Frauen zwischen 14 und 91 Jahren in der Bundesrepublik Deutschland. Erfragt wurden hierbei die Einstellung der Personen gegenüber ihrem Aussehen und die Zufriedenheit mit ihrer Figur und ihrem Körpergewicht. Die Studie zeigte, dass vor allem Frauen unzufrieden mit ihrem Aussehen sind. Sie haben teilweise ein verzerrtes Körperbild, überhöhte Ansprüche und fühlen sich nicht wohl in ihrem Körper. Ursache dafür ist in erster Linie das hochgesteckte Schönheitsideal und die Darstellung vorwiegend schlanker und teilweise untergewichtiger Personen in diversen Medien.

Sind Menschen mit einem ausgeprägten Wunsch nach Schlankheit also möglicherweise der Meinung, dass sie, je dünner sie sind und je mehr Disziplin sie zeigen, umso erfolgreicher sind? Wie sehen sie Menschen um sich herum, die ein normales Essverhalten zeigen und nicht unbedingt den Drang haben, abzunehmen? Wie sehen sie sich selbst im Vergleich zu anderen?

Jens Blechert, Ulrich Ansorge und Brunna Tuschen-Caffier untersuchten im Jahr 2010, inwieweit die Unzufriedenheit mit Figur und Gewicht mit der Aufmerksamkeit zusammenhängt. Wie schauen Patienten mit Bulimie und/oder Anorexie ihren eigenen Körper an? Unterscheiden Sie sich dabei von Gesunden?

Ausgehend von den Hypothesen, dass essgestörte Patientinnen ihren eigenen Körper anders wahrnehmen als den eines anderen Menschen , und dass die Zufriedenheit mit dem eigenen Körper mit der Einstellung bezüglich eines bestimmten Körperideals korreliert, untersuchten Blechert et al. im Jahr 2010 21 Frauen mit der Diagnose Anorexia nervosa, 22 Frauen mit Bulimia nervosa und 28 gesunde Frauen.

In einer „Dot-probe" Aufgabe (Erfassung der Aufmerksamkeitsallokation, ausführliche Erklärung siehe Methodenteil) zeigten sie den Teilnehmerinnen zeitgleich digitale Bilder des eigenen Körpers und eines Vergleichskörpers (von einer anderen unbekannten Studienteilnehmerin).

Die Teilnehmerinnen sollten nun nach Erscheinen eines Bildpaares (500 ms) gefolgt von einem Testreiz (Punkt, der an der Stelle von einem der beiden zuvor gezeigten Stimuli für 1000 ms erschien) so schnell wie möglich mit der der entsprechenden Lokation zugeteilten Taste reagieren. Gemessen wurden hierbei Sakkaden (schnelle und sprunghafte Blickbewegung , bei der das Auge sich spontan auf ein Objekt richtet), wobei die Sakkadenlatenz einen Hinweis auf die Richtung eines Aufmerksamkeitsbias (Tendenz für eine Richtung, stat. Verzerrung) gab.

Während gesunde Probandinnen vergleichbar schnelle Sakkaden auf beide Bilder zeigten, ergab sich bei anorektischen Patientinnen ein Bias für den eigenen Körper. Bulimische Patientinnen tendierten in die Gegenrichtung, d.h. es ergab sich ein Bias zum Vergleichskörper.

In einer zweiten Studie (ebenfalls von Blechert et al, 2010) wurde untersucht, unter welchen Bedingungen bulimische Patientinnen ihre Aufmerksamkeit auf Körper anderer Personen lenken. Hierfür wurden Bilder des eigenen Körpers gemeinsam mit Vergleichskörpern mit höherem und niedrigerem BMI dargeboten. Hier zeigten bulimische Patientinnen einen Bias für schlankere Vergleichskörper, was in der Kontrollgruppe weniger stark ausgeprägt war.

Die beiden Untersuchungen zeigen, dass es zum Einen fundamentale Unterschiede zwischen der Essstörung „Anorexia nervosa" und der „Bulimia nervosa" bezüglich der körperbezogenen Aufmerksamkeit gibt (Anorektikerinnen richten ihre Aufmerksamkeit zuerst auf sich selbst, Bulimikerinnen schauen zuerst auf eine Vergleichsperson). Zum Anderen resultiert aus dieser Untersuchung die Erkenntnis, dass die Körperzufriedenheit durch soziale Vergleichsprozesse beeinflusst werden kann.

Eine weitere Studie von Fladung, Grön, Herrnberger, Walter und von Wietersheim („*A Neural Signature of Anorexia Nervosa in the Ventral Striatal Reward System*"), ebenfalls aus dem Jahr 2010, untersuchte mittels der funktionellen Magnetresonanztomografie (fMRT) die Aktivität im ventralen Striatum des Gehirns (zuständig für die Schwellenregulation von Erregung) als Reaktion auf störungsspezifische Stimuli bei Anorektikerinnen.
Untersucht wurden 14 Patientinnen mit der Diagnose einer Anorexia nervosa und 14 gesunde Kontrollpersonen.
Die Probanden bewerteten Bilder einer nach dem BMI standardisierten digitalen Frauenfigur mit charakteristischen Merkmalen von Unter-, Normal- und Übergewicht. Als Kontrollaufgabe diente die Einschätzung des Gewichts der Frauenfigur.
Ergebnisse dieser Studie waren, dass Anorektikerinnen untergewichtige Stimuli präferierten, wohingegen gesunde Kontrollpersonen normalgewichtigen Stimuli den Vorzug gaben. Innerhalb des ventralen Striatums zeigte sich eine signifikante Wechselwirkung von Gruppenzugehörigkeit und unter- und normalgewichtigen Stimuli: Während bei Patientinnen mit Anorexia nervosa die Aktivierung während der Verarbeitung von untergewichtigen verglichen mit normalgewichtigen Figuren höher war, zeigten gesunde Kontrollpersonen das umgekehrte Muster.
Diese Ergebnisse verweisen auf eine besondere Bedeutung des menschlichen Belohnungssystems bei der Aufrechterhaltung der Anorexia nervosa.
Das Belohnungssystem des Menschen reagiert durch die Ausschüttung von Hormonen wie Adrenalin, Dopamin und Endorphine auf positive oder negative Erlebnisse (Reize). Besonders das Hormon Dopamin spielt hierbei eine große Rolle. Es moduliert in komplexer Weise die Informationsverarbeitung im Frontalen Kortex. Dopamin ist aktiv, wenn eine Belohnung gegeben oder zu erwarten ist. Das sogenannte High-Gefühl beim Konsum von Drogen sowie das verstärkte Empfinden von Glück, Freude und Zuversicht wird auf eine verstärkte Ausschüttung von Dopamin zurückgeführt.
Für Patientinnen mit Anorexia nervosa stellen Schlankheit und Verzicht auf Nahrung eine Belohnung dar.

Beide Studien zeigen, dass Anorektikerinnen nach einem „abnormalen" Körperideal streben.

Wie verhält sich dann eine Anorektikerin, wenn sie einer Person begegnet, die etwas beleibter ist? Wie sehen Menschen, die eher untergewichtig sind solche, die eher übergewichtig sind?

Nach einem Zitat von Johann Wolfgang von Goethe, so ist „die Erscheinung vom Beobachter nicht losgelöst, (sondern) vielmehr in die Individualität desselben verschlungen und verwickelt", d.h. laut Goethe hängt die Beurteilung Anderer davon ab, welche Einstellungen und Normen eine Person selbst vertritt.

Ausgehend von den oben beschriebenen Studien lässt sich folgende Hypothese aufstellen:

Menschen, die einen ausgeprägten Wunsch nach Schlanksein haben, versuchen ihre Aufmerksamkeit von Figuren wegzulenken, die in ihren Augen als „dick" erscheinen, um ihre Angst vor einer eventuellen Gewichtszunahme nicht noch zu verstärken.

Auf den nächsten Seiten dieser Arbeit wird das methodische Vorgehen zur Überprüfung dieser Hypothese näher beschrieben. Untersucht wird, ob bereits bei bestehendem Schlankheitswunsch eine solche Veränderung der Aufmerksamkeit vorliegt und nicht erst, wenn das eigene Gewicht bereits gering ist.

3. Methoden

Dieser Teil der Arbeit umfasst die Beschreibung der Stichprobe sowie die Probandenrekrutierung, den Ablauf der Untersuchung und die angewandten methodischen Vorgehensweisen und Instrumente.

3.1. Beschreibung der Stichprobe

An der Untersuchung nahmen N = 30 Personen teil, wobei sich das Geschlechterverhältnis auf 100 % weibliche Probanden belief. Es ergab sich ein Altersdurchschnitt von ca. 23,0 Jahren (SD = 3,5; Min. = 18, Max. = 28) und ein durchschnittlicher BMI von 23,6 (SD = 1,0).
Voraussetzungen für die erfolgreiche Teilnahme an der Studie waren Lese-und Rechtschreibfähigkeiten, Sehvermögen, sowie **kein** bereits diagnostiziertes Vorliegen einer Essstörung.

3.2. Probandenrekrutierung

Alle im Untersuchungszeitraum von Ende April bis Anfang Juli 2012 eingeschlossenen Probanden (N = 80) wurden sowohl durch diverse Aushänge an der Bergischen Universität Wuppertal, als auch im Rahmen verschiedener Vorlesungen rekrutiert. Die Interessenten trugen ihren Namen und ihre Telefonnummer (für eventuelle Rückfragen) in eine vorgefertigte Terminliste ein.

3.3. Ablauf der Untersuchung

Die Durchführungsdauer beschränkte sich pro Testperson auf etwa 45 Minuten. Der Proband wurde zunächst gebeten, an einem Schreibtisch Platz zu nehmen und das „Eating Disorder Inventory" (Fragebogen zur Erfassung von Störungen im Ernährungsverhalten) auszufüllen.
Eine weitere Komponente der Testung bildete ein visuelles Dot-Probe Paradigma (Erfassung der Aufmerksamkeitsallokation).
Studenten der Psychologie wurden nach der Untersuchung mit einer Versuchspersonenstunde entlohnt, alle weiteren Probanden erhielten diverse Süßwaren.

3.4. Messinstrumente und Modalitäten

Zur Erfassung des Ernährungsverhaltens der jeweiligen Versuchsperson und der Einstellung zum eigenen Körpergewicht wurde die deutsche Version des „Eating Disorder Inventory" (EDI) eingesetzt. Hierbei handelt es sich um einen Fragebogen zur mehrdimensionalen Beschreibung der spezifischen Psychopathologie von Patienten mit Anorexia nervosa (Magersucht) und Bulimia nervosa (Ess-Brech-Sucht) sowie anderen psychogenen Essstörungen. Das EDI kann im Rahmen der Eingangsdiagnostik vor Beginn einer Psychotherapie für die differenzierte Therapieplanung oder im weiteren Verlauf zur Veränderungsmessung eingesetzt werden. Als standardisiertes, objektives Instrument ist es auch für klinische Studien zur Evaluation von Psychotherapie oder Pharmakotherapie der psychogenen Essstörungen geeignet. Die 11 Skalen des EDI erfassen folgende Dimensionen: Schlankheitsstreben, Bulimie, Unzufriedenheit mit dem Körper, Ineffektivität, Perfektionismus, Misstrauen, Interozeptive Wahrnehmung, Angst vor dem Erwachsenwerden, Askese, Impulsregulation und soziale Unsicherheit. Der Teilnehmer hat nun die Aufgabe, sich anhand einer sechsstufigen Ratingskala selbst zu beurteilen. Die Ratingskala umfasst folgende Ausprägungen: „nie", „selten", „manchmal", „oft", „sehr oft" oder „immer".

Die Normierung des EDI erfolgte an Stichproben von N = 246 Patienten mit Anorexia nervosa, N = 217 Patienten mit Bulimia nervosa und 288 Kontrollpersonen.

Bezüglich der Gütekriterien des EDI ist folgendes zu sagen:

Reliabilität: Als Maß für die interne Konsistenz der Skalen wurde Cronbachs Alpha errechnet. Diese Werte lagen in der Stichprobe der anorektischen und bulimischen Patienten im Bereich zwischen .73 und .93. Die Ergebnisse der Test-Retest-Reliabilität liegen zwischen .81 und .89.

Validität: Kriteriumsvalidität und faktorielle Validität wurden mit Hilfe von Diskriminanzanalysen zur Unterscheidung verschiedener Diagnosegruppen, Berechnungen von Korrelationen mit anderen Testverfahren und Durchführung von Faktoranalysen geprüft. Bei allen Berechnungen ergeben sich gute Vailiditätsmaße.

Objektivität: Da es sich um einen standardisierten Fragebogen handelt, sind Durchführungs- und Auswertungsobjektivität gegeben.

Zur Erfassung der Aufmerksamkeitsweglenkung von beleibten Personen wurde ein visuelles Dot-Probe Paradigma (Cooper & Fairburn, 1992; Mathews & MacLeod, 1985) verwendet. Dieses wurde mit dem Programm „Presentation" (Version 14.0) der Firma „Neurobehavioral Systems, Inc." (Albany, CA, USA) präsentiert.

Das Dot-Probe Paradigma erlaubt eine spezifische Erfassung der Aufmerksamkeitsallokation (de Ruiter & Brosschot, 1994).

Zuerst wurde dem Probanden in der Mitte eines Computerbildschirms ein Fixationskreuz präsentiert, mit dem Ziel, seine Aufmerksamkeit auf den Bildschirmmittelpunkt zu lenken.

Nach der Darbietung des Fixationskreuzes wurden simultan zwei nebeneinander angeordnete Bilder von verschiedenen Personen mit verschiedenem BMI für 500 ms präsentiert.

Jedes Bildpaar setzte sich aus einem Zielkonzept (hier beleibte Personen = **B**) und einem Personenbild mit durchschnittlich bis geringem Körpergewicht (Normalgewicht = **N**) zusammen

Insgesamt bestand das Stimulusmaterial aus 20 Bildpaaren, die insgesamt auf folgende vier Arten randomisiert dargestellt werden:

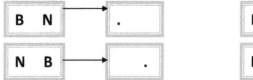 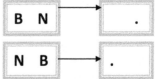

Darüber hinaus wurden fünf weitere Bildpaare bestehend aus zwei neutralen Bildern zwischen die „Figuren-Bilder" eingestreut.

Auf jede Präsentation eines Bildpaares folgte die Darbietung eines roten Punktes auf dem Bildschirm. Dieser Punkt befand sich in der Position eines der beiden Bilder.

Die Aufgabe des Probanden war es, die Position des Punktes so schnell wie möglich durch Drücken einer von zwei Tasten (farbig markiert) anzuzeigen.

Diese Versuchsanordnung basierte auf der Tatsache, dass Personen dazu neigen, schneller auf einen Reiz zu reagieren, der in ihrem Aufmerksamkeitsfeld erscheint, als auf einen Reiz außerhalb dieses Feldes. Liegt die Aufmerksamkeit auf dem für den Probanden bedrohlichen Bild (hier beleibte Personen), so ist die Reaktionszeit kurz, wenn Punkt- und Bedrohungsposition identisch sind. Eine lange Reaktionszeit hingegen ergibt sich, wenn Punkt- und Bedrohungssituation **nicht** identisch sind.

3.5. Auswertung

Das „Eating Disorder Inventory" wird mit Hilfe einer Schablone ausgewertet, sodass jedes Item anschließend einer Skala zugeordnet werden kann.

Die Bewertung erfolgt folgendermaßen:

Eine extreme Antwort im Sinne einer Anorexia nervosa erhält 6 Punkte; eine Antwort, die dieser am nächsten liegt, erhält 5 Punkte; eine mäßige Antwort erhält 4 Punkte etc. Um einen eventuell unvollständig ausgefüllten Fragebogen auch als gültig bewerten zu können, werden fehlende Items durch den individuellen Mittelwert der vorhandenen Items der jeweiligen Skala ersetzt.

Da bisher noch keine „Cut-Off-Werte" offiziell festgelegt wurden, muss dieser Wert statistisch errechnet werden. Dies umfasst folgende Überlegungen:
Unter der Voraussetzung der Normalverteilung der Skalen des EDI liegen etwa zwei Drittel der Stichprobe im Bereich Mittelwert +/- eine Standardabweichung. Oberhalb dieses Bereichs liegen also 16 % der Werte der „gesunden" Population. Bei Annahme einer linksschiefen Verteilung liegt dieser Prozentsatz darunter. Um diesen Bereich auf unter 2,5 % zu verringern, kann als Grenze der Mittelwert m der „gesunden" Population plus zwei Standardabweichungen SD gewählt werden (Studie von Garner et al. 1984, 113 Anorektikerinnen, 577 gesunde Frauen, 166 gesunde Männer).
Im Bezug auf die Skalenwerte der von Garner et al. untersuchten Stichprobe ergibt sich jedoch eine Überschneidung mit dem Bereich Mittelwert minus Standardabweichung bei der erkrankten Stichprobe. Erkrankte würden somit als „falschnegativ" eingeschätzt werden.
Folglich kann angenommen werden, dass eine Skala zwischen gesund und krank trennt, wenn der Mittelwert m der gesunden Vergleichsgruppe einer Skala plus eine Standardabweichung unter dem Mittelwert minus eine Standardabweichung derselben Skala der Stichprobe der an Anorexia nervosa Erkrankten liegt.
Des Weiteren erfolgt die Zuweisung zur erkrankten oder auffälligen Stichprobe mittels zwei Skalen, sodass der Anteil der falschpositiven auf unter 3 % fällt.

Das Dot-Probe Paradigma kann folgendermaßen ausgewertet werden:
Ob sich zwei Gruppen (gestörtes Ernährungsverhalten; Schlankheitsstreben vs. Normales Ernährungsverhalten; Zufriedenheit mit dem eigenen Körper) in ihrem Aufmerksamkeitsverhalten unterscheiden, wird zunächst varianzanalytisch mittels eines dreifaktoriellen Designs mit dem *between Faktor* „Gruppe" und den beiden *within Faktoren* „Position des bedrohlichen Bildes" (rechts vs. links) und „Punktposition" (rechts vs. links) mit der für jede Person ermittelten Reaktionszeit als abhängige Variable bestimmt.
Ob ein statistisch signifikanter Unterschied im Aufmerksamkeitsverhalten der beiden Gruppen vorhanden ist, lässt sich anschließend über die Dreifach-Interaktion Gruppe x Wortposition x Punktposition bestimmen.
Eine alternative Auswertungsstrategie wäre das Bestimmen eines *Biasindex* bezüglich Aufmerksamkeit, der sich aus der Differenz der mittleren Reaktionszeiten für die Bedingung *Punkt ersetzt bedrohliches Wort* berechnet.
Dieser Index liefert für jede Person einen Wert für die Aufmerksamkeitsreaktion auf bedrohliche Reize. Positive Werte des Biasindex ergeben sich bei verstärkter Zuwendung, negative Werte bei verstärkter Abwendung von bedrohlichen Bildern.
Die statistische Überprüfung, ob sich zwei Gruppen signifikant in ihrem Aufmerksamkeitsverhalten unterscheiden, lässt sich anhand eines *t-Tests* vornehmen.

4. Ergebnisse

4.1. Einteilung in Gruppen

In einem ersten Schritt wurden die Probanden anhand der Ergebnisse des **EDI** in zwei gleich große Gruppen eingeteilt. Die maximale Gesamtsumme von 132 ergibt sich, wenn bei jeder Frage die höchste Ausprägung (6 = „immer" bzw. „deutlich") gewählt wird. Die Ergebnisse (Gesamtsumme der Skalenwerte) sahen in der Stichprobe folgendermaßen aus:

Abbildung 2: Ergebnis EDI

	Häufigkeit	Prozent	Gültige Prozente	Kumulierte Prozente
Gültig 2	1	3,3	3,3	3,3
3	1	3,3	3,3	6,7
8	1	3,3	3,3	10,0
9	1	3,3	3,3	13,3
10	2	6,7	6,7	20,0
12	1	3,3	3,3	23,3
15	1	3,3	3,3	26,7
16	1	3,3	3,3	30,0
17	1	3,3	3,3	33,3
21	1	3,3	3,3	36,7
23	1	3,3	3,3	40,0
27	1	3,3	3,3	43,3
32	1	3,3	3,3	46,7
38	1	3,3	3,3	50,0
56	1	3,3	3,3	53,3
59	1	3,3	3,3	56,7
63	1	3,3	3,3	60,0
65	1	3,3	3,3	63,3
68	1	3,3	3,3	66,7
70	1	3,3	3,3	70,0
72	1	3,3	3,3	73,3
75	1	3,3	3,3	76,7
77	1	3,3	3,3	80,0
78	1	3,3	3,3	83,3
82	1	3,3	3,3	86,7

83	1	3,3	3,3	90,0
90	1	3,3	3,3	93,3
91	1	3,3	3,3	96,7
95	1	3,3	3,3	100,0
Gesamt	30	100,0	100,0	

Hier zeigt sich, dass ein Cut-Off Wert von 38 bestimmt werden kann, da hier der
Sprung zwischen den Gruppen am größten ist (+18). Glücklicherweise ergaben sich
somit zwei gleich große Gruppen (Gruppe 2: Werte zwischen 0 und 38; Gruppe 1:
Werte zwischen 56 und 95). Jeder Gruppe gehörten 15 Personen an.

4.2. Ergebnisse Dot-Probe Paradigma

Die Fehlerrate lag zwischen 0.00 % und 13,28 % ($M = 3,79$, $SD = 2,77$). Der *dot probe-*
Effekt für die Fehlerraten errechnete sich aus den Fehlerraten der inkongruenten (Punkt
ersetzt unbedrohliches Bild) Durchgänge abzüglich der Fehlerraten der kongruenten
Durchgänge. Bei der Analyse der Fehlerraten über alle Versuchsbedingungen hinweg
zeigte sich ein signifikanter *dot probe-*Effekt, $t(62) = 2,67$, $p = 0,01$. Das heißt, dass
generell mehr Fehler gemacht wurden, wenn der Punkt das unbedrohliche Bild ersetzte
(inkongruente Bedingung), als wenn der Punkt das bedrohliche Bild ersetzte
(kongruente Bedingung).

Mittels eines t-Tests (Fehlerraten auspartialisiert) sollte überprüft werden, ob sich die
beiden Gruppen signifikant in ihrem Aufmerksamkeitsverhalten unterscheiden. Hierfür
wurden zunächst jeweils die mittleren Reaktionszeiten für die Bedingung *Punkt ersetzt
bedrohliches Bild* errechnet. Anschließend wurde ein Zwei-Stichproben t-Test für
unabhängige Stichproben durchgeführt.
Die Hypothesen für den t-Test waren gerichtet zu formulieren, d.h. es wurde vermutet,
dass die Gruppenmittelwerte der Reaktionszeiten von Gruppe 1 (Wunsch nach
Schlankheit) für die Bedingung *Punkt ersetzt bedrohliches Wort* **höher** ausfallen als die
Gruppenmittelwerte von Gruppe 2 (kein Wunsch nach Schlankheit). Anders formuliert
bedeutet dies, dass angenommen wurde, dass Menschen mit einem ausgeprägten
Wunsch nach Schlankheit ihre Aufmerksamkeit von Figuren weglenken, die in ihren
Augen als „dick" erscheinen.

Der t-Test lieferte für die Bedingung „Punkt ersetzt bedrohliches Bild" folgende
Ergebnisse:

Abbildung 3: Gruppenstatistiken				
Gruppe	N	Mittelwert	Standardabweichung	Standardfehler des Mittelwertes
Gruppe mit Schlankheitswunsch	15	,3473	,19898	,05138
Gruppe ohne Schlankheitswunsch	15	,5307	,22024	,05687

Abbildung 4: Test bei unabhängigen Stichproben									
	Levene-Test der Varianzgleichheit		T-Test für die Mittelwertgleichheit						
	F	Signifikanz	T	df	Sig. (2-seitig)	Mittlere Differenz	Standardfehler der Differenz	95% Konfidenzintervall der Differenz	
								Untere	Obere
Varianzen sind gleich	,127	,724	-2,392	28	,024	-,18333	,07664	-,34032	-,02635
Varianzen sind nicht gleich			-2,392	27,716	,024	-,18333	,07664	-,34039	-,02628

Varianzhomogenität
Der Levene-Test der Varianzhomogenität zeigt, dass von homogenen Varianzen
ausgegangen werden konnte, da der Test mit $p = ,724$ nicht signifikant wurde.

Ist der t-Test signifikant?
Bereits die Tabelle „Gruppenstatistiken" zeigt, dass die oben genannte Vermutung
falsch war. Der Mittelwert der Gruppe mit Schlankheitswunsch ist mit ,3473 deutlich
geringer als der Mittelwert der Gruppe ohne Schlankheitswunsch (,5307). Die Analyse
muss deshalb an dieser Stelle abgebrochen werden.

Die Ergebnisse des t-Tests für die Bedingung „Punkt ersetzt unbedrohliches Bild" sehen folgendermaßen aus:

Abbildung 5: Gruppenstatistik				
Gruppe	H	Mittelwert	Standardabweichung	Standardfehler Mittelwert
Gruppe mit Schlankheitswunsch	15	,5253	,26551	,06856
Gruppe ohne Schlankheitswunsch	15	,4740	,24553	,06339

Abbildung 6: Test bei unabhängigen Stichproben								
	Levene-Test der Varianzgleich heit		T-Test für die Mittelwertgleichheit					
	F	Sig.	t	df	Sig. (2-seiti g)	Mittelwertdiffer enz	Standardfehlerdiffe renz	95% Konfidenzinter vall der Differenz
								Unter er	Ober er
Varianzgleich heit angenommen	,004	,949	,55 0	28	,587	,05133	,09337	-,1399 3	,2426 0
Varianzgleich heit nicht angenommen			,55 0	27,8 30	,587	,05133	,09337	-,1399 9	,2426 5

In der Zeile „Varianzen sind gleich" zeigt sich, dass der t-Test einen p-Wert von ,587 aufweist. Da das Programm **SPSS** alle Hypothesen zweiseitig, also mit einer ungerichteten Hypothese, testet, muss der p-Wert in diesem Falle halbiert werden. Somit ergibt sich ein p-Wert von $p = ,293$. Geprüft werden muss nun, ob der p-Wert unter dem Signifikanzniveau liegt. Da dieser mit ,293 größer als ,05 ist, liefert der t-Test ein nicht signifikantes Ergebnis, was zur Folge hat, dass die mittleren Reaktionszeiten **zwischen** den jeweiligen Gruppen in der Tat unterschiedlich hoch ausfallen.
Also hat der t-Test (einschl. Gruppenstatistik) ergeben, dass die Gruppenmittelwerte der Reaktionszeiten von Gruppe 1 (Wunsch nach Schlankheit) für die Bedingung *Punkt ersetzt bedrohliches Bild* **geringer** ausfielen als die Gruppenmittelwerte von Gruppe 2 (kein Wunsch nach Schlankheit).

Für die Bedingung *Punkt ersetzt unbedrohliches Bild* fielen die mittleren Reaktionszeiten von Gruppe 1 höher aus als die mittleren Reaktionszeiten von Gruppe 2.

Anders formuliert bedeutet dies, dass Probanden mit einem ausgeprägten Wunsch nach Schlankheit ihre Aufmerksamkeit <u>auf</u> Figuren lenkten, die in ihren Augen als „dick" erschienen und nicht umgekehrt!!

Vigilanzindex

Unterstützt wird diese Schlussfolgerung außerdem durch den *Vigilanzindex*. Dieser ergibt sich aus der Differenz der mittleren Reaktionszeiten für die Bedingung *Punkt ersetzt unbedrohliches Bild* (Inkongruenz) und der Bedingung *Punkt ersetzt bedrohliches Bild* (Kongruenz). Ergibt sich hierbei eine positive Differenz, so deutet dies daraufhin, dass die Aufmerksamkeit überwiegend *auf die bedrohlichen Bilder* gerichtet wurde, wohingegen eine negative Differenz zeigt, dass die Aufmerksamkeit überwiegend *von bedrohlichen Bildern weg* bzw. auf unbedrohliche Bilder gelenkt wurde.

Die Häufigkeitstabelle zeigt bezüglich des Vigilanzindex folgende Ergebnisse:

Abbildung 7: Vigilanzindex Gruppe1

		Häufigkeit	Prozent	Gültige Prozente	Kumulierte Prozente
Gültig	negativ	2	6,7	13,3	13,3
	positiv	13	43,3	86,7	100,0
	Gesamt	15	50,0	100,0	
Fehlend	System	15	50,0		
Gesamt		30	100,0		

Der Vigilanzindex fällt in Gruppe 1 (mit Schlankheitswunsch) im Verhältnis *13:2* überwiegend (zu *86,7 %)* positiv aus, d.h. dass die Aufmerksamkeit hauptsächlich <u>auf</u> bedrohliche Bilder gelenkt wurde.

16

Für Gruppe 2 (ohne Schlankheitswunsch) ergaben sich folgende Ergebnisse:

Abbildung 8: Vigilanzindex Gruppe2

		Häufigkeit	Prozent	Gültige Prozente	Kumulierte Prozente
Gültig	negativ	10	33,3	66,7	66,7
	positiv	5	16,7	33,3	100,0
	Gesamt	15	50,0	100,0	
Fehlend	System	15	50,0		
Gesamt		30	100,0		

Hier zeigt sich, dass der Vigilanzindex in Gruppe 2 im Verhältnis *10:5* zu *66,7 %* negativ ausfällt, d.h. dass die Aufmerksamkeit in Gruppe 2 größtenteils auf *unbedrohliche* (normalgewichtige Personen) Bilder gelenkt wurde.

Die folgende Abbildung verdeutlicht den Unterschied zwischen den Gruppen bezüglich des Vigilanzindex grafisch:

Abbildung 9:

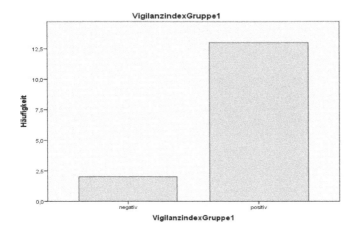

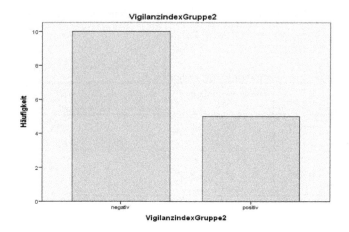

5. Diskussion

5.1. Beurteilung der Unterschiede im Aufmerksamkeitsverhalten

Von vorrangigem Interesse bei dieser Untersuchung war, die Aufmerksamkeitsallokation bei Menschen mit einem ausgeprägten Wunsch nach Schlankheit im Unterschied zu Menschen mit wenig oder keinem Schlankheitsstreben zu bestimmen. Die Frage war demnach, in welchem Ausmaß sich Menschen mit einem ausgeprägten Wunsch nach Schlankheit von übergewichtsassoziierten Stimuli abwenden.

Vorweg ist es wichtig zu erwähnen, dass die Effektstärken nahezu durchweg gering ausfielen, sodass die Ergebnisse dieser Untersuchung sehr vorsichtig interpretiert werden müssen und nur als Tendenz zu betrachten sind.

Die Gruppenstatistiken im Rahmen des t-Tests ließen erwarten, dass sich Unterschiede im Aufmerksamkeitsverhalten zwischen den Gruppen finden würden, und zwar dahingehend, dass Menschen mit einem ausgeprägten Wunsch nach Schlankheit ihre Aufmerksamkeit **auf** normalgewichtige und beleibte Personen lenken und nicht umgekehrt. Menschen mit geringem Schlankheitsstreben hingegen lenken ihre Aufmerksamkeit eher auf schlanke Personen.

Die erwarteten Effekte wurden mit der Durchführung des t-Tests und der Ermittlung des Vigilanzindex bestätigt.

Zusammenfassend lässt sich feststellen, dass Menschen mit einem ausgeprägten Wunsch nach Schlankheit ihre Aufmerksamkeit **auf** beleibtere Personen lenken und nicht umgekehrt wie zunächst vermutet.

5.2. Hintergrund

Mögliche Gründe hierfür lassen sich in der Literatur nicht finden.

Allerdings liegt die Vermutung nahe, dass Menschen mit einem ausgeprägten Wunsch nach Schlankheit eine Sensibilität für beleibte Personen entwickeln, d.h. dass sie ihnen eher auffallen. Der vielleicht unbewusste Vergleich zwischen dem eigenen Körper und dem eines beleibten Menschen hat möglicherweise zur Folge, dass man sich selbst besser und schlanker fühlt.

Menschen mit geringem Schlankheitsstreben hingegen lenken ihre Aufmerksamkeit auf schlanke Menschen, weil diese in ihren möglicherweise als attraktiv erscheinen, ohne dass Vergleiche mit dem eigenen Körper vorgenommen werden. Anders gesagt bedeutet dies, dass Menschen mit geringem Schlankheitsstreben den Anblick von schlanken (und deshalb attraktiven?) Menschen eher „genießen" können als Menschen mit starkem

19

Schlankheitsstreben, die sich mit beleibteren Personen vergleichen, um selbst kein schlechtes Gewissen sich selbst und ihrem Körper gegenüber zu entwickeln. Generell stellte sich im Untersuchungszeitraum außerdem die Frage, ob Schlankheit mit Schönheit und Erfolg in den westlichen Industrieländern gleichgesetzt wird. Kurz zu betrachten ist hier zunächst der kulturhistorische Wandel des Schlankheitsideals:

Während das Schönheitsideal zu Zeiten der Hochrenaissance (16. Jahrhundert) insbesondere durch wohlgerundete Körper und volle Hüften zum Ausdruck gebracht wurde, dient die Nahrungsaufnahme heute nicht mehr der Sättigung, sondern ist ein Instrument geworden, das der Affektbefriedigung und der Körperkontrolle dient. Die Wahl der Speisen, sowie der Konsumgewohnheiten und der Mode spiegeln die Zugehörigkeit zu einer sozialen Schicht wieder. Menschen verschiedener sozialer Schichten versichern sich heute durch ihre Nahrungsmittelauswahl und ihr damit verbundenes äußeres Erscheinungsbild ihre Identität.

Der Vergleich des eigenen Körpers mit dem aktuellen Schlankheitsideal stellt besonders für Frauen einen Mechanismus der sozialen Kontrolle dar. Die großen Unterschiede bei der als ideal geltenden Körperfülle werden in der Regel mit dem jeweils unterschiedlichen Nahrungsangebot geklärt. Dort, wo die Versorgungslage unsicher ist, wird Fett zum Statussymbol. Umgekehrt ist in Zeiten des Überflusses ein schlanker Körper erstrebenswert.

In Werbung und Medien wird Mode beispielsweise hauptsächlich von sehr schlanken Models präsentiert, die sich mit ihrer „Schönheit" fest in den Köpfen der Gesellschaft verankern. Zudem werden für jeden Typ Diäten und Trainingspläne angepriesen sowie Versprechungen gemacht wie das Wunschgewicht schnell und dauerhaft erzielt werden kann. Die Botschaft, die durch Medien und Werbung präsentiert wird, ist, dass schön, schlank, durchtrainiert und gepflegt zu sein, erstrebenswerte Ideale sind. Darüber hinaus wird Schlankheit mit Glück, Erfolg, Liebe und Gesundheit assoziiert.

Möglicherweise schauten Personen mit einem ausgeprägten Wunsch nach Schlankheit in unserer Untersuchung deshalb eher auf beleibtere Personen, weil diese ihnen generell als Negativbeispiel auffallen und sie darin bestärken, weiterhin an ihrem eigenen Körper zu arbeiten, um nicht selbst auch beleibt auszusehen.

Zusammenfassend lässt sich festhalten, dass sich aus den Ergebnissen der vorliegenden Untersuchung ergibt, dass beleibtere Personen für Menschen mit einem ausgeprägten Wunsch nach Schlankheit ein Warnsignal darstellen.

Dieses Warnsignal kann das Schlankheitsstreben mancher Menschen insofern verstärken, als dass es deutlich macht, was diese Menschen für sich selbst vermeiden wollen. Vermieden wird allerdings nicht das Anblicken der Menschen, sondern lediglich die eigene Gewichtszunahme. Das Anblicken der Menschen kann somit den eigenen Wunsch nach Schlankheit noch verstärken.

6. Kritische Betrachtung und Ausblick

Ein erster wichtiger Kritikpunkt bezieht sich auf die Tatsache, dass diese Untersuchung an gesunden Probanden durchgeführt wurde. Es ist nicht auszuschließen, dass ein deutlich ausgeprägteres Streben nach Schlankheit bei einer Person vorhanden ist, bei der die Diagnose Magersucht bereits gestellt wurde. Möglicherweise wären hier die Ergebnisse anders ausgefallen.

Als weiterer Nachteil stellt sich die Verwendung der Dot-Probe Aufgabe heraus, da seitens der Versuchspersonen mehrfach berichtet wurde, dass diese sich nicht auf die Bilder konzentriert haben, sondern lediglich darauf, wann und wo zum nächsten Zeitpunkt der Punkt erschien.

Hier empfiehlt es sich, die Verwendung eines Eye-Trackers (Gerät für die Analyse von Blickbewegungen) in Betracht zu ziehen oder bei Verwendung des Dot-Probe Paradigmas längere Zeitintervalle für die Darstellung der Bilder zu verwenden.

Ein weiterer Kritikpunkt zur Verwendung des Dot-Probe Paradigmas betrifft die Auswahl des Stimulusmaterials. Hierbei wurden jeweils Bilder von normal- bzw. übergewichtigen Personen verwendet. Die Bilder der übergewichtigen Personen fielen teilweise sehr unterschiedlich aus, sodass einige der übergewichtigen Personen von den Probanden auch als normalgewichtig eingestuft werden konnte. Der Übergang von normalgewichtig zu übergewichtig war möglicherweise nicht deutlich genug.

In zukünftigen Untersuchungen wäre es zudem von Vorteil, die Stichprobenzusammensetzung neu zu überdenken. Eventuell wäre es sinnvoll, auch männliche Probanden miteinzubeziehen und darüber hinaus Probanden zu rekrutieren, bei denen bereits eine Essstörung diagnostiziert wurde.

Um Geschlechtseffekte zu vermeiden, sollte unbedingt auf eine Gleichverteilung der Geschlechter in der Stichprobe geachtet werden.

Für die zukünftige psychologische Forschung wäre es von Interesse, die Verwendung des Dot-Probe Paradigmas mit einem Emotional-Stroop-Test (Mathews und MacLeod, 1985) zu verbinden. Die Aufgabe des Probanden ist es, die Farben, in denen emotionale Wörter geschrieben sind, zu benennen. Bei dieser Version des Stroop-Tests könnten den Probanden beispielsweise Wörter dargeboten werden, die mit dem Begriff „Übergewicht" assoziiert sind, sowie allgemein negative, neutrale und positive Wörter. Zu erwarten wäre hier, dass anorektische Probanden eine charakteristische Verlangsamung in Reaktion auf übergewichtsbezogene Wörter, aber nicht in Bezug auf andere Stimuli zeigen.

7. Literaturverzeichnis

Anderson, J. L.; Crawford, C. B.; Nadeau, J.; Lindberg, J. *Was the Duchess of Windsor right? A cross-cultural review of the socioecology of ideals of female body shape.* In: *Ethology and Sociobiology.* Band 13, 1992, S 197-227.

Baumgart, Franzjörg (Hrsg.): *Entwicklungs-und Lerntheorien.* 2. Auflage. Bad Heilbrunn. 2007.

Claude-Pierre, Peggy. *Der Weg zurück ins Leben. Magersucht und Bulimie verstehen und heilen.* Aus dem Amerikanischem von Gabriele Herbst. 4. Auflage. Fischer. Frankfurt. 2006.

Cyrus, K. (2008). *Hochattraktiv oder nur nicht unattraktiv: Was zählt bei der Partnerwahl? Vemeidung von Unattraktivität - ein negatives Attraktivitätskonzept?* Unveröffentlichte Dissertation, Bergische Universität Wuppertal.

Duden: *Das Fremdwörterbuch.* Mannheim. 2005.

Etcoff, Nancy. *Survival of the prettiest: the science of beauty.* Anchor Books. 2000.

Flavell, John H.: *The development of role-taking and communication skills in children.* Huntington. 1975.

Funiok, Rüdiger: *Zeitschrift für Pädagogik.* 57. Jahrgang. 2007.

Heidbrink, Horst: *Einführung in die Moralpsychologie.* Weinheim. 2. Überarbeitete Auflage. 1996.

Hornbacher, Marya: *Alice im Hungerland.* Minnesota. 2010.

Leonhart, Rainer. *Datenanalyse mit SPSS.* Hogrefe Verlag. 2010.

Salbach-Andrae, Harriet; Jacobi, Corinna; Jaite, Charlotte: *Anorexia und Bulimia nervosa im Jugendalter.* Basel. 2010.

Schreiner, Günter: *Moralische Entwicklung und Erziehung.* Braunschweig. 1983.

Tuschen-Caffier, Brunna (Hrsg.): *Zeitschrift für Klinische Psychologie und Psychotherapie.* Nr.15. 2004.

Zierer, Klaus: *Pädagogische Rundschau.* 60. Jahrgang. 2006.

8. Anhang

Vielen Dank, dass Sie sich bereit erklärt haben, an der Studie teilzunehmen! Versuchen Sie, jede Frage so spontan wie möglich zu beantworten!

Bitte füllen Sie zunächst die folgenden Felder aus und blättern Sie anschließend um.

Name: _____

Geburtsdatum: _____

Geschlecht: m ☐   w ☐

Sind Sie Student/in?   Ja ☐   Nein ☐

Wenn „ja", welches Fach studieren Sie?

_____

Wenn „nein", was machen Sie beruflich?

_____

EATING DISORDER EXAMINATION-QUESTIONNAIRE

Die folgenden Fragen beziehen sich ausschließlich auf die letzten vier Wochen (28 Tage). Bitte lesen Sie jede Frage sorgfältig durch und beantworten Sie alle Fragen. Vielen Dank!

Fragen 1 – 12: Bitte umkreisen Sie die zutreffende Zahl rechts daneben. Denken Sie daran, dass sich die Fragen nur auf die letzten 4 Wochen (28 Tage) beziehen.

AN WIE VIELEN DER LETZTEN 28 TAGE ...	kein Tag	1–5 Tage	6–12 Tage	13–15 Tage	16–22 Tage	23–27 Tage	jeden Tag
1. Haben Sie bewusst versucht, die Nahrungsmenge, die Sie essen, zu begrenzen, um Ihre Figur oder Ihr Gewicht zu beeinflussen (unabhängig davon, ob es Ihnen tatsächlich gelungen ist)?	0	1	2	3	4	5	6
2. Haben Sie über längere Zeitspannen (8 Stunden oder mehr) überhaupt nichts gegessen, um Ihre Figur oder Ihr Gewicht zu beeinflussen?	0	1	2	3	4	5	6
3. Haben Sie versucht, Nahrungsmittel, die Sie mögen, von Ihrer Ernährung auszuschließen, um Ihre Figur oder Ihr Gewicht zu beeinflussen (unabhängig davon, ob es Ihnen tatsächlich gelungen ist)?	0	1	2	3	4	5	6
4. Haben Sie versucht, festgelegte Regeln hinsichtlich Ihres Essens (z. B. eine Kaloriengrenze) zu befolgen, um Ihre Figur oder Ihr Gewicht zu beeinflussen (unabhängig davon, ob es Ihnen tatsächlich gelungen ist)?	0	1	2	3	4	5	6
5. Hatten Sie den deutlichen Wunsch, einen leeren Magen zu haben, mit dem Ziel, Ihre Figur oder Ihr Gewicht zu beeinflussen?	0	1	2	3	4	5	6
6. Hatten Sie den deutlichen Wunsch, einen völlig flachen Bauch zu haben?	0	1	2	3	4	5	6
7. Hat das Nachdenken über Nahrung, Essen oder Kalorien es Ihnen sehr schwer gemacht, sich auf Dinge zu konzentrieren, die Sie interessieren (z. B. arbeiten, einem Gespräch folgen oder lesen)?	0	1	2	3	4	5	6
8. Hat das Nachdenken über Figur oder Gewicht es Ihnen sehr schwer gemacht, sich auf Dinge zu konzentrieren, die Sie interessieren (z. B. arbeiten, einem Gespräch folgen oder lesen)?	0	1	2	3	4	5	6
9. Hatten Sie eine deutliche Angst, die Kontrolle über das Essen zu verlieren?	0	1	2	3	4	5	6
10. Hatten Sie eine deutliche Angst, dass Sie an Gewicht zunehmen könnten?	0	1	2	3	4	5	6
11. Haben Sie sich dick gefühlt?	0	1	2	3	4	5	6
12. Hatten Sie einen starken Wunsch abzunehmen?	0	1	2	3	4	5	6

Fragen 13 – 18: Bitte tragen Sie die passende Zahl rechts daneben ein. Denken Sie daran, dass sich die Fragen nur auf die letzten 4 Wochen (28 Tage) beziehen.

WÄHREND DER LETZTEN VIER WOCHEN (28 TAGE) ...

13. Wie oft haben Sie während der letzten 28 Tage eine Nahrungsmenge gegessen, die andere Menschen als ungewöhnlich groß ansehen würden (unter ähnlichen Umständen)? .... Mal

14. In wie vielen dieser Situationen, in denen Sie zu viel gegessen haben, hatten Sie das Gefühl, die Kontrolle über Ihr Essverhalten verloren zu haben (während des Essens)? .... Mal

15. An wie vielen **TAGEN** der letzten 28 Tage ist es vorgekommen, dass Sie eine ungewöhnlich große Nahrungsmenge gegessen haben und das Gefühl hatten, die Kontrolle über Ihr Essverhalten verloren zu haben? .... Tage

16. Wie oft haben Sie während der letzten 28 Tage Erbrechen selbst herbeigeführt, um Ihre Figur oder Ihr Gewicht zu kontrollieren? .... Mal

17. Wie oft haben Sie während der letzten 28 Tage Abführmittel eingenommen, um Ihre Figur oder Ihr Gewicht zu kontrollieren? .... Mal

18. Wie oft haben Sie während der letzten 28 Tage in einer „getriebenen" oder „zwanghaften" Weise Sport getrieben, um Ihr Gewicht, Ihre Figur oder den Körperfettanteil zu kontrollieren oder Kalorien zu verbrennen? .... Mal

Fragen 19 – 21: Bitte umkreisen Sie die zutreffende Zahl. Bitte beachten Sie, dass für diese Fragen der Begriff „Essanfall" bedeutet, eine Nahrungsmenge zu essen, die andere Menschen unter ähnlichen Umständen als ungewöhnlich groß ansehen würden, begleitet von einem Gefühl des Kontrollverlusts über das Essverhalten.

WÄHREND DER LETZTEN VIER WOCHEN (28 TAGE) ...

	kein Tag	1–5 Tage	6–12 Tage	13–15 Tage	16–22 Tage	23–27 Tage	jeden Tag
19. An wie vielen der letzten 28 Tage haben Sie heimlich (d. h. im Verborgenen) gegessen? *(Zählen Sie Essanfälle nicht mit.)*	0	1	2	3	4	5	6

	niemals	in seltenen Fällen	in weniger als der Hälfte der Fälle	in der Hälfte der Fälle	in mehr als der Hälfte der Fälle	in den meisten Fällen	jedes Mal
20. In wie vielen der Situationen, in denen Sie gegessen haben, hatten Sie wegen der Auswirkungen auf Ihre Figur oder Ihr Gewicht Schuldgefühle (d. h. das Gefühl, etwas Falsches getan zu haben)? *(Zählen Sie Essanfälle nicht mit.)*	0	1	2	3	4	5	6

	überhaupt nicht		leicht		mäßig		deutlich
21. Wie beunruhigt waren Sie während der letzten 28 Tage, wenn andere Menschen Sie essen sahen? *(Zählen Sie Essanfälle nicht mit.)*	0	1	2	3	4	5	6

Fragen 22 – 28: Bitte kreisen Sie die zutreffende Zahl rechts daneben ein. Denken Sie daran, dass sich die Fragen nur auf die letzten 4 Wochen (28 Tage) beziehen.

WÄHREND DER LETZTEN VIER WOCHEN (28 TAGE) ...	über-haupt nicht	leicht		mäßig		deut-lich	
22. Hat Ihr Gewicht einen Einfluss darauf gehabt, wie Sie über sich selbst als Person denken (urteilen)?	0	1	2	3	4	5	6
23. Hat Ihre Figur einen Einfluss darauf gehabt, wie Sie über sich selbst als Person denken (urteilen)?	0	1	2	3	4	5	6
24. Wie stark hätte es Sie aus der Fassung gebracht, wenn Sie aufgefordert worden wären, sich in den nächsten vier Wochen einmal pro Woche zu wiegen (nicht mehr oder weniger häufig)?	0	1	2	3	4	5	6
25. Wie unzufrieden waren Sie mit Ihrem Gewicht?	0	1	2	3	4	5	6
26. Wie unzufrieden waren Sie mit Ihrer Figur?	0	1	2	3	4	5	6
27. Wie unwohl haben Sie sich gefühlt, wenn Sie Ihren Körper gesehen haben (z. B. im Spiegel, Ihr Spiegelbild im Schaufenster, beim Ausziehen, Baden oder Duschen)?	0	1	2	3	4	5	6
28. Wie unwohl haben Sie sich gefühlt, wenn andere Ihre Figur gesehen haben (z. B. in Gemeinschafts-umkleideräumen, beim Schwimmen oder beim Tragen enger Kleidung)?	0	1	2	3	4	5	6

Wie viel wiegen Sie derzeit? *(Bitte schätzen Sie so gut wie möglich.)* .... kg

Wie groß sind Sie? *(Bitte schätzen Sie so gut wie möglich.)* .... m

Für Frauen: Ist Ihre Regelblutung während der letzten drei bis vier Monate ausgeblieben? ...... ja ...... nein

Wenn ja, wie viele Regelblutungen sind ausgeblieben? ....

Haben Sie die „Pille" eingenommen? ...... ja ...... nein

VIELEN DANK!

Auswertungsbogen

Name: _____ Geburtsdatum: _____ Code: _____

Rater/in: _____ Datum: _____

Items	Re-straint	Eating Concern	Weight Concern	Shape Concern
1. Gezügeltes Essverhalten				
2. Essensvermeidung				
3. Vermeidung von Nahrungsmitteln				
4. Diätregeln				
5. Leerer Magen				
6. Flacher Bauch				
7. Beschäftigung mit Nahrungsmitteln, Essen oder Kalorien				
8. Beschäftigung mit Figur oder Gewicht				
9. Angst, die Kontrolle über das Essen zu verlieren				
10. Angst vor Gewichtszunahme				
11. Gefühl, dick zu sein				
12. Wunsch abzunehmen				
19. Heimliches Essen				
20. Schuldgefühle aufgrund des Essens				
21. Essen in Gesellschaft				
22. Wichtigkeit des Gewichts				
23. Wichtigkeit der Figur				
24. Reaktion auf vorgeschriebenes Wiegen				
25. Unzufriedenheit mit dem Gewicht				
26. Unzufriedenheit mit der Figur				
27. Unbehagen beim Betrachten des Körpers				
28. Unbehagen beim Entkleiden				
Summenwerte der Subskalen				
Subskalenmittelwerte	:5	:5	:5	:8
Gesamtwert	Σ	Σ:4